ESSAIS

SUR

L'ORGANISATION

DE QUELQUES PARTIES

DE L'INSTRUCTION PUBLIQUE,

OU

RÉFLEXIONS

Sur les Inspecteurs généraux de l'Université et ceux des
Académies, sur les Aspirans et l'École Normale, et sur la
nécessité de faire, dans les pays étrangers, des Observations concernant l'Éducation et l'Instruction en général;

PAR M. C. A. BASSET,

*Ancien Bénédictin de la Congrégation de Saint-Maur, et
ancien Professeur de Belles-Lettres à la ci-devant École
militaire de Sorèze.*

.... Nihil enim prosunt utilissimæ leges
quæ a gubernatoribus decernuntur, nisi
moribus instituti, et disciplinâ imbuti in
republicâ homines fuerint.....
ARISTOT. *Politic.* Lib. V.

A PARIS,

DE L'IMPRIMERIE DE MADAME HUZARD,

RUE DE L'ÉPERON SAINT-ANDRÉ-DES-ARTS, Nº. 7.

ANNÉE 1808.

A

MONSIEUR LE COMTE

DE FONTANES,

Président du Corps Législatif et Grand-
Maître de l'Université impériale , etc.

Par son très - humble et très-
obéissant Serviteur ,

BASSET.

AVANT-PROPOS.

Ces Essais font partie d'un mémoire composé en forme de commentaire, sur le décret du 17 Mars 1808, qui fixe l'organisation de l'Université impériale.

Dans ce travail, j'ai tâché d'exposer mes réflexions, et de proposer mes vues avec la franchise d'un homme qui n'a d'autre but que le bien public; avec la modestie d'un observateur qui ne se dissimule aucune difficulté; avec le zèle d'un écrivain qui désire qu'on dise mieux que lui, et qu'on fasse encore mieux qu'il n'a pu dire.

C'est pendant le cours de toute ma vie; c'est en France; c'est à l'École militaire de Sorèze (1), si célèbre autrefois; c'est pendant quinze années de voyages faits dans les pays étrangers, que j'ai puisé, à

---

(1) Sorèze, petite ville au pied de la Montagne-Noire, province du ci-devant Languedoc, département du Tarn.

la véritable source de l'expérience, non des idées spéculatives, non des théories conçues dans le silence du cabinet, mais des moyens pratiques et sûrs d'observer, de comparer, et peut-être de juger ce qui convient à la jeunesse sous le rapport de sa direction physique, intellectuelle et morale.

Tout homme qui écrit doit chercher à se concilier l'opinion publique : celle-ci se compose des opinions particulières ; et je regarde le jugement favorable que les chefs de l'instruction publique ont bien voulu accorder à mes efforts, et consigner dans leurs lettres, comme ma seconde récompense, puisque la première se trouve déjà dans l'intention même du bien que j'ai voulu faire.

ESSAIS

SUR

L'ORGANISATION

DE QUELQUES PARTIES

DE L'INSTRUCTION PUBLIQUE.

PREMIER ESSAI.

Sur les Inspecteurs généraux de l'Uni-
versité et ceux des Académies.

... Non soli, de bello, aut pace, prudenter
deliberantes benè merentur de patriâ : sed
quicumque pulchrè juvenes admonet, et
monitis contrà licentiam vallat, in rempubli-
cam consulit...

INTRODUCTION.

L'ESPRIT de sagesse et de raison qui a dicté le
décret sur l'organisation de l'Université impériale ; les promesses sacrées du Souverain qui se
réserve le plaisir de récompenser ceux qui se seront distingués dans leur emploi ; le droit qu'a le
Grand-Maître de connoître les besoins de chacun,
et d'y subvenir ; l'honneur et la gloire attachés, de
tous temps, à ceux qui se chargent de conduire la

jeunesse dans le chemin de la vertu et vers la connoissance des sciences et des lettres; tout nous porte à croire, qu'à l'avenir, l'éducation ne sera plus une simple spéculation financière. Le nombre des élèves d'une maison sera dans une exacte proportion de ses moyens et de son étendue. Plus de réputations usurpées, plus de fortunes faites sur l'aveuglement des parens et au préjudice de leurs enfans!

Sans doute un instituteur doit être au-dessus du besoin, et les émolumens de sa place lui feront dédaigner les moyens étrangers à sa profession de courir après la fortune. Chacun recevra la récompense de son travail. Quels que soit le lieu et le poste, il n'y aura de préférence et de distinction que pour la bonne conduite, le talent et le vrai mérite. Plus de mutations provoquées par l'appât d'un plus grand bénéfice; plus de plaintes contre l'excessive économie des chefs, et le mauvais emploi des fonds; en un mot, plus de murmures contre le manque de surveillance et de discipline!

Tous les fonctionnaires vont devenir les anges tutélaires, les véritables pères, les protecteurs et le soutien de la jeunesse; le choix en sera tellement fait, les motifs de ce choix seront tellement appuyés sur l'opinion publique et sur le mérite réel, que le recteur d'une Académie, le proviseur d'un Lycée, ou le directeur d'un Collége

seront par-tout des portions bienfaisantes de l'administration même de l'Université!

Bientôt les professeurs, élus au concours, honorés dans leur état, encouragés par un avenir
flatteur, devenus membres d'un corps respec-
table, dont la gloire et la splendeur seront leur
ouvrage et leur propriété; bientôt, dis-je, ils ne
seront plus étrangers à l'objet principal de leurs
fonctions. Leur temps ne sera plus consacré à l'acquisition d'une renommée éphémère, fondée sur
des productions aussi peu solides. Bientôt ils se
feront connoître par les louanges non équivoques
de leurs élèves, qui ne compteront de beaux jours
que ceux qu'ils auront passés sous leurs leçons!

En me représentant ce tableau sous des formes
et des couleurs aussi agréables, je ne fais qu'in-
terpréter l'intention du Souverain dans l'établissement de l'Université, et confondre mes vœux
avec ceux du chef habile qu'il a choisi pour la
gouverner.

DÉCRET

Sur l'Organisation de l'Université impériale.

TITRE XI.

Des Inspecteurs de l'Université, et des Inspecteurs des Académies.

Nombre des Inspecteurs.

Il seroit à désirer que le nombre des inspecteurs égalât celui des Académies, pour mettre plus d'ensemble dans la marche générale de l'administration, et établir une répartition plus naturelle dans le travail particulier de chaque inspecteur. Je le considère comme un des pivots sur lesquels va se mouvoir tout l'édifice de l'instruction publique ; et avant d'analyser l'importance de ses devoirs, je dois me le représenter tel qu'il doit être, et avec les qualités qui lui conviennent.

Qualités de l'Inspecteur.

On ne fait bien que ce que l'on a fait longtemps, et comme par la force de l'habitude. On se conduit d'autant mieux, et d'autant plus sûrement dans la société, qu'on a mis de temps et de réflexion à bien connoître et juger les hommes qui la composent ; ainsi, pour tirer le meilleur parti possible des individus qui forment les petites sociétés de nos Académies, de nos Lycées et de nos Colléges, il faut vivre avec eux, et les observer sans cesse.

Il y a une prodigieuse différence entre l'art de former l'esprit et celui de former le cœur. Il faut dans un instituteur beaucoup de zèle, de talens et de mérite, pour savoir apprécier tous les caractères qui lui sont confiés, et employer, pour les mener au bien, les moyens qu'il juge être les meilleurs. Qui sera donc capable d'apercevoir toutes ces nuances, et de mettre en valeur toutes ces variétés de dispositions, sinon un inspecteur d'une expérience consommée, qui aura blanchi dans nos écoles, et qui aura eu le temps de remarquer ce qu'elles peuvent avoir de défectueux et d'avantageux ? Peut-être la France conserve-t-elle encore quelques vétérans de nos bonnes écoles, d'autant plus précieux, qu'ils doivent être rares ! Peut-être n'attendent-ils qu'un signe pour se remettre à l'ouvrage, et se rendre de nouveau utiles à la patrie !

Il faut supposer l'inspecteur d'un âge moyen, d'une santé non équivoque, connu par sa probité, par ses lumières, par son zèle pour le bien public, par son attachement au Gouvernement et à nos institutions. Il doit avoir vécu long-temps dans des établissemens d'éducation, avoir beaucoup observé la jeunesse et les hommes qui la conduisent; son caractère doit être ferme, et capable de mettre par-tout en vigueur les lois de l'Université; son esprit conciliant, et libre des fâcheuses influences des préventions et des préjugés.

L'âge moyen est le vrai moment de saisir l'homme tout entier pour ce qu'il est, et pour ce qu'il vaut, afin d'employer, à l'avantage de son pays, ses forces physiques et morales, qui sont alors dans leur plus grand développement.

L'inspecteur, dévoué au service de l'Université, est un des aides-de-camp du Grand-Maître, qui peut, à chaque instant, lui donner à porter ses ordres, ou les décisions du Conseil. Quelle que soit donc l'époque de l'année, sa santé doit toujours lui permettre de remplir sa mission avec exactitude et célérité.

La probité, le zèle pour tout ce qui est bien, et l'attachement au Gouvernement, ne sont pas des vertus, mais des qualités essentielles à tout homme chargé sur-tout d'un emploi qui touche de si près au bonheur de la société. Il faut qu'il possède ces qualités non seulement pour lui-même, mais que sa vie publique ou privée prouve encore qu'il les a. Le Souverain se repose sur le choix du Grand-Maître; et tous les deux doivent se trouver bien représentés par l'inspecteur, part-tout où il va exercer ses fonctions.

Par l'attachement à nos institutions, je ne considère ici que celles qui font l'objet de mes observations. Je veux parler du respect pour la loi qui confie à l'Université toute l'administration de l'instruction et de l'éducation ; je veux parler de l'étroite obligation de répondre au vœu du Gouvernement, et de concourir avec le Grand-Maître et son Conseil à l'entière exécution de cette loi.

Cette loi, par sa nouveauté, exigera dans le caractère de celui qui sera chargé de la promulguer, un heureux mélange de fermeté et de douceur, nécessaire pour établir d'utiles institutions à la place des anciens abus : puissance intermédiaire entre les membres de l'Université et son chef ; organe naturel des uns et de l'autre, l'inspecteur saura faire valoir à propos la justice, l'énergie et la bonté, que les circonstances exigeront. Que de plaintes à entendre ? Que de causes à plaider ? Que de réclamations, que de vœux à porter au Conseil ? Il n'a pas, à la vérité, le droit de juger, mais il a celui de promettre justice pour tout le monde. Il a le beau privilége, par les conseils, et même par les menaces, de rétablir l'ordre que les passions pourroient troubler dans des lieux consacrés aux bons exemples, à la paix, à l'étude et au travail de la pensée.

Les ressources de l'homme sont bornées, et il ne s'acquitte jamais mieux de ses devoirs que lorsqu'ils sont simples, connus et limités. Je sais qu'il est infiniment honorable d'être membre de telle ou telle Société savante ou littéraire; je sais qu'un pareil titre est, et doit être une prévention favorable pour l'individu préposé à la marche des sciences et des lettres. Mais ces sortes de titres exigent le sacrifice d'une partie considérable de temps, imposent des obligations à remplir et des travaux à faire. Ne seroit-il donc pas à désirer, d'après ces considérations, que l'inspecteur de l'Université fût dégagé de tout autre emploi? Le sien, envisagé sous tous les rapports, est plus que suffisant pour remplir tous les momens de sa vie; et s'il est attaché à une Société des sciences ou des lettres, ce ne doit être que comme membre honoraire et correspondant.

Mobilité des Inspecteurs dans les différentes Académies.

Si on s'arrêtoit au principe généralement reconnu, que, pour bien juger les hommes et les mettre à la place qui leur convient, il faut vivre long-temps avec eux et les bien connoître, on pourroit regarder la visite alternative des Académies par chaque inspecteur, comme nuisible à la parfaite connoissance des individus et des localités, et comme un obstacle au bien général et particulier ; mais le Conseil ne doit rien hasarder sur une opinion particulière : il lui faut une lumière puisée dans les discussions. Ses idées, ses jugemens, ses décisions ne peuvent aller jusqu'à l'évidence, et être fixés que par le secours des idées et des jugemens des différens inspecteurs sur les établissemens de la même Académie. D'ailleurs, ne faut-il pas à l'inspecteur une autorité qui le surveille lui-même ? Cette autorité n'est-elle pas irréfragable dans le travail des inspecteurs successifs, qui, d'âge, de moyens et de caractères différens, viendront rapporter au Grand-Maître et à son Conseil, ou une pleine confirmation des inspections précédentes, ou des observations plus ou moins contradictoires. Je voudrois cependant que tous les trois ou quatre ans l'inspecteur refît l'inspection d'une Académie qui lui fût déjà connue, pour qu'il puisse s'assurer des progrès vers le bien.

L'Inspecteur, Administrateur et Homme de Lettres.

Il y a peu d'analogie entre le talent de l'administration et celui de l'enseignement. Le premier suppose l'habitude du calcul et des affaires, un esprit juste et droit qui s'attache en tout à un honnête milieu ; le second est uniquement fondé

sur la connoissance de la littérature et des sciences
classiques, et sur l'heureuse application des méthodes propres à les inculquer dans l'esprit de la
jeunesse. Néanmoins, comme la loi suppose l'inspecteur à-la fois administrateur et homme de lettres, je dois le considérer aussi sous ce double
point de vue.

Principes généraux.

Comme administrateur, l'inspecteur doit voir
les ressources pécuniaires de l'Université, dissé-
minées sur différens points, comme n'appartenant
à personne, étant la propriété de tous, et comme
un dépôt sacré dont l'usage est consacré par la
loi. Il sait qu'une sage et décente économie, qui
va toujours jusqu'au devoir et rarement jusqu'au
pouvoir, est par-tout la base la plus solide et la
plus honorable de l'aisance, et même de la ri-
chesse. Il sait que le chemin le plus sûr, pour arriver à des résultats satisfaisans en administration,
n'est pas toujours l'emploi des grands moyens,
mais l'emploi sage et mesuré de ceux que l'on a.

Sources des Fonds de l'Université.

Ainsi, pour donner au Conseil un état exact
de la gestion des deniers dans les établissemens
soumis à son inspection, il faut que, convaincu
de la probité des administrateurs, et instruit de
la situation des administrés, il connoisse, jusque

dans les plus petits détails, toutes les sommes partielles composant la masse qui alimente annuellement telle ou telle maison. Les sources en sont connues, ce sont :

1°. Les fonds créés par le Gouvernement ;

2°. Les pensions payées par les parens pour l'éducation de leurs enfans ;

3°. Les dons qui peuvent être faits, et les legs qui peuvent échoir par testament aux établissemens consacrés à la jeunesse ;

4°. Enfin, les économies dont il est raisonnable de supposer l'existence pour l'avenir.

Emploi des Fonds.

La recette des fonds connue, il reste à en examiner l'emploi. Suivant le vœu du Souverain et la loi, ils ne peuvent avoir d'autre destination que le plus grand bien moral et physique de la jeunesse de l'Empire ; l'entretien honorable et décent, présent et à venir des titulaires, officiers et membres de l'Université ; les pensions de l'Etat ; la création de nouveaux établissemens jugés nécessaires ; l'agrandissement convenable et avantageux de ceux qui existent déjà ; les réparations et acquisitions indispensables ; et tout ce qui appartient à l'avancement de la morale et de l'instruction, et à la gloire du corps enseignant.

2

Tenue des Livres.

Ce que je viens de dire suppose, dans chaque maison, une tenue de livres de recettes et de dépenses sévère et exacte, et la nécessité d'établir une balance annuelle en présence de l'inspecteur.

Dettes.

Je ne fais pas mention de dettes : une administration sage, clairvoyante et dirigée par les principes que je pose, n'en admet ni d'actives ni de passives. Les premières sont impossibles, puisque, par un usage consacré, et dont il ne faut pas s'écarter, les pensions se paient toujours d'avance, par quartier. Les secondes annoncent du désordre, deviennent souvent scandaleuses : le terme d'un an doit être de rigueur pour l'acquittement des dettes d'une maison bien administrée.

Emprunts.

Quant aux emprunts particuliers d'un établissement, dans aucun cas, ils ne peuvent avoir lieu sans une autorisation du Conseil, et dont l'inspecteur lui fera la demande appuyée sur les motifs les plus puissans et les besoins les plus urgens.

Inspection générale.

Représentons-nous maintenant l'inspecteur

dans l'un des lieux de son inspection. Ses premiers momens seront consacrés à jetter sur toutes les parties un coup-d'œil observateur. Avec un esprit juste et une longue habitude de juger les hommes et les choses, il verra bientôt ce qui est l'effet de l'incapacité, de l'oubli ou de la négligence ; ce qui est économie outrée, ou luxe blâmable ; ce qui est avantage provisoire, ou institution solide et durable. Sa pensée se fixera principalement sur tout ce qui tient à la plus sûre et à la plus belle existence possible des élèves : je veux dire la religion, la moralité, l'instruction, la nourriture, le vêtement, le linge, la salubrité des habitations de jour et de nuit, les précautions de santé, la prudente séparation des âges trop différens, la gymnastique, les récréations, l'emploi de tous les momens de la journée, les moyens de répression et d'émulation, toutes les branches de la discipline genérale et particulière, et l'observance entière des statuts de l'Université.

Chacune de ces parties demanderoit des détails que je me dispense de placer ici, parce qu'ils appartiennent plus particulièrement au travail que je prépare sur les fonctions de proviseurs, directeurs de colléges, maîtres de pension, et sur le perfectionnement de nos écoles.

2 *

Redditions des Comptes.

Cette première connoissance acquise, l'inspecteur se fera rendre par les personnes comptables, les comptes partiels et généraux. Toutes les sommes reçues et données seront stipulées en francs, et écrites sur les livres à l'époque concordante des quittances délivrées sur papier timbré, aux payeurs par les comptables, ou aux comptables par les payeurs. Le tout sera calculé et sommé.

Inspection particulière.

Avant de rien arrêter, avant de se servir des données que l'inspecteur vient de recevoir sur la gestion, il est de son devoir de recommencer une inspection plus particulière, pour voir, autant que ses lumières et son expérience pourront le lui permettre, si les dépenses écrites ont été réellement faites, et faites avec prudence et mesure; si telle construction, réparation ou embellissement, ont été exécutés; si tels achats ou grandes provisions représentent les sommes couchées en ligne de dépenses; si le nécessaire, et plus que le nécessaire, existe par-tout, et dans tous les genres de consommation.

Arrêté des Comptes.

La pureté et l'ordre de l'administration deve-

rus évidens pour l'inspecteur, il arrêtera les livres
des comptables, qui signeront ensuite, conjoin-
tement avec lui, le double de la balance qu'il doit
mettre tous les ans, à l'époque de son rapport,
sous les yeux du Conseil. Le seul cas où il doit
refuser l'arrêté des comptes seroit celui ou d'une
malversation prouvée, ou celui d'un *déficit* produit par le désordre ou les dépenses au-delà des
moyens : cas qui exigeroit, de la part du Conseil,
une instruction particulière.

Listes et Notes des Individus.

Pendant cette opération financière, le chef de
l'établissement aura donné des ordres pour se faire
remettre des listes des noms, prénoms, âges,
patries, qualités, grades des fonctionnaires ; une
seconde des professeurs, régens et agrégés ; une
troisième enfin des élèves. Le recteur, les proviseurs, professeurs, censeurs, directeurs, régens,
maîtres de pension et d'étude, ajouteront à la
case de chaque personne soumise à son autorité,
des notes bonnes ou mauvaises, suivant sa conscience, sur le caractère, la conduite, les talens,
les dispositions et les efforts de chacun en particulier. Ces listes seront présentées à l'inspecteur, qui en fera l'usage le plus discret pendant
l'inspection, et pour les détails de son rapport
au Conseil.

Je trouverai une occasion plus favorable pour parler de l'état actuel de nos études, et proposer des méthodes d'enseignement plus sûres et plus rapides. Supposons la réforme faite, et voyons comment l'inspecteur doit juger ses résultats.

Utilité et Nécessité des Notes.

Si l'approche de son arrivée, si l'envie de briller devant lui, ou la crainte d'en être réprimandé, mettoient pour un moment en activité toutes les ressources du travail et de l'application, le but de l'inspection seroit manqué, les devoirs des instituteurs enfreints, et le Grand-Maître trompé. Mais l'inspecteur ne peut et ne veut point l'être. Ce n'est point sur de légères conversations qu'il a apprécié les chefs ; ce n'est point par l'habit de gala qu'il a pu se faire une idée juste de la tenue habituelle des élèves. Ce ne sera pas non plus par quelques efforts passagers, par un travail d'apparat, et commandé par la circonstance, que l'inspecteur jugera le zèle et le talent des professeurs, les dispositions, la bonne volonté et les progrès de leurs disciples. Les effets de son inspection seroient illusoires, si elle se bornoit à ce qui se passe maintenant sous ses yeux : il lui faut des faits constans et journaliers, une réalité d'habitude, et non des vraisemblances d'apprêt. Les notes, qu'il a reçues des inspecteurs précédens, sont déjà mises en comparaison avec celles qu'il vient de recevoir. Avant que d'avoir vu ou interrogé un seul écolier, il sait quels sont ceux qui ont pris ou soutenu leur élan vers le bien, ceux qui sont restés sans mouvemens progressifs, ou qui ont fait des pas rétrogrades; car, dans l'acquisition des vertus et des connoissances, ne pas avancer, quand on le peut, c'est reculer.

Ainsi, indépendamment de l'inspection annuelle, que chaque sujet soit convaincu d'avance que sa conduite, son caractère et son travail, sont déjà connus au Conseil, non seulement depuis le commencement de l'année, mais encore depuis le premier moment de son éducation; qu'il soit persuadé que, de toutes les notes données sur son compte, se composeront celles de l'inspecteur, qui seront déposées par lui sur le bureau du Grand-Maître. Elles formeront le livre historique de la première existence de chaque François passée dans un des établissemens de l'Université. C'est dans ce livre précieux et intéressant qu'il pourra un jour puiser des témoignages authentiques de sa conduite et de ses talens, et en appuyer ses prétentions pour obtenir tel grade, occuper tel poste, ou exercer telle fonction; mais c'est de ce livre aussi qu'on tirera peut-être des motifs pour lui refuser sa demande.

Examens des Classes.

Pour accoutumer de bonne heure les jeunes gens à des idées pieuses, pour les convaincre que l'auteur de toutes choses n'est point indifférent à leurs succès et en est la première cause, pour augmenter l'importance des examens, je voudrois que le premier jour s'ouvrît par une messe solemnelle et le chant d'un *Veni Creator*, et que le dernier se terminât par une messe d'actions de grâces et le chant d'un *Te Deum*.

Au jour marqué, l'inspecteur, muni de la liste des élèves et de leurs notes, prévenu des parties qui doivent faire la matière des examens, accompagné du chef de la maison, du censeur et de tous les professeurs libres pour ce moment, se rendra dans chaque classe, en commençant par celles où s'enseignent les sciences, et successivement ensuite dans celles où s'enseignent les lettres. Il donnera autant de séances qu'il le jugera nécessaire pour connoître la capacité des répondans et le zèle des maîtres.

Uniformité d'Instruction.

Quelle que soit la pureté des intentions des professeurs, l'inspecteur, pour consolider l'uniformité d'instruction, ne souffrira, dans toutes ses branches, que les auteurs et les parties de ces auteurs reconnus et indiqués par l'Université: les innovations ne devant être permises que pour les méthodes d'enseignement, et comme essais d'une plus grande perfectibilité.

Interrogations.

Obligé souvent d'écrire ses observations particulières, il engagera les assistans à interroger eux-mêmes. L'art d'interroger avec clarté et précision, de poser une question dans ses justes limites, est indispensable dans les interrogateurs. Celui qui a l'habitude de l'enseignement saura ne point intimider les jeunes gens ; il ne sera point un juge, ni un critique sévère, qui exige impérieusement la perfection, mais un répétiteur zélé, qui cherche à donner à ses disciples tous les moyens de résoudre les difficultés avec distinction, et de mettre au grand jour toute leur intelligence.

Réponses.

Il exigera dans les réponses une diction pure ; facile et correcte ; le plus grand esprit d'ordre et d'analyse dans l'exposition et la succession des idées. Le répondant, avant d'être examiné, pourra nommer un ou deux de ses condisciples, à son choix, pour le reprendre et l'aider. Le professeur se rendra caution pour tous; de ma-

nière qu'une difficulté ne puisse jamais rester sans
être éclaircie, et embellie même des connoissances accessoires qui peuvent lui appartenir.

Religion et Morale.

Quelle que soit la classe mise en inspection, la
première séance doit se passer en questions et
en réponses sur les principes fondamentaux de la
religion chrétienne, catholique, apostolique et
romaine ; sur l'histoire de l'Ancien et du Nouveau testament, et sur les devoirs d'étroite obligation pour les jeunes gens. Les questions seront
proportionnées à l'âge des répondans ; et on exigera plus d'instruction dans les plus âgés, qui
auront fait leur première communion. Les personnes chargées d'enseigner la religion suivront
ponctuellement la marche tracée par le caté-
chisme de l'Empire et les statuts de l'Université.
Elles porteront la plus sérieuse attention à ce que
les enfans comprennent tout ce qui peut leur être
rendu compréhensible, et ne fassent pas, de la
plus essentielle et de la plus importante des
sciences, un simple exercice de routine et de
mémoire. L'innocence et la bonté naturelle des
enfans les rendent très - susceptibles de conviction ; en leur montrant donc la religion douce et
bienfaisante comme son auteur, utile pour le
présent et pour l'avenir, ne blâmant que le

vice, indulgente pour nos foiblesses, et couron-
nant toutes nos vertus, ils se livreront sans peine,
sans dégoût et de bon cœur, aux premiers élémens qu'on leur donnera, soutenus sur-tout par
de bons exemples.

Les séances suivantes seront consacrées à l'examen sur les autres parties d'instruction.

Compositions spéciales d'Inspection.

Cette marche générale sera la même dans toutes
les classes, avec les modifications applicables à
l'âge, à l'intelligence des enfans, et à l'objet
de leurs études. Non seulement l'inspecteur se
fera remettre la liste des places obtenues depuis
le commencement de l'année, mais encore il
fera faire, pendant la durée de l'inspection, deux
compositions spéciales, en françois et en latin.
(Je ne fais point mention de la langue grecque,
presque exilée de nos Ecoles, parce qu'en suppo-
sant à l'Université l'intention de la rendre à l'instruction, il faut auparavant former des professeurs capables de l'enseigner.) D'après le travail
de chaque écolier, il jugera par lui-même les
principes d'écriture, ceux de l'orthographe, le
plus ou moins de connoissances dans les règles
des deux langues. Dans une des séances particulières de l'examen, il donnera à chaque élève la
place que sa composition aura méritée.

La formation du cœur et l'instruction de l'esprit
bien examinées , passons aux soins du corps.

Éducation physique.

Il ne faut pas confondre ce qu'on appelle talens d'agrément avec les exercices du corps, insé-
parables d'une éducation libérale et vigoureuse.
Les bains , une nourriture simple et abondante,
une propreté recherchée , un lit dur , un vêtement uniforme et invariable pour toutes les sai-
sons , l'air pur et libre , le mouvement et toutes
les ressources de la gymnastique , doivent être la
seule médecine et l'unique pharmacie des jeunes
gens.

L'État demande dans toutes les professions
des hommes robustes, intrépides et agiles. Il lui
faut des agriculteurs, des défenseurs sur terre et
sur mer , des savans , des artistes , des citoyens
prêts à tout entreprendre , à tout sacrifier pour
remplir dignement le poste que la Providence
et le Gouvernement leur auront confié. Ainsi,
l'inspecteur, en encourageant tous les arts d'a-
grément , portera particulièrement ses vues et ses
observations sur les exercices qui peuvent donner,
conserver ou accroître la santé ; ceux qui, sans
gêner la nature, tendent encore à l'embellir;
ceux qui augmentent la grace et la souplesse;
ceux enfin qui accoutument l'homme insensible-

ment à voir un rival en face sans être inti-
midé, à remporter sur lui une victoire, qui, sans
éteindre l'amitié, nourrit le courage, entretient
l'habitude de vaincre, tient le corps en haleine,
et dispose doucement le moral et le physique de
l'individu aux grandes scènes du monde, où il
doit jouer un rôle.

Eloges et Réprimandes.

Les examens finis, l'inspecteur comblera d'é-
loges, et nominativement, ceux qui en mérite-
ront, soit par la bonté soutenue de leurs notes,
soit par la manière distinguée dont ils auront
répondu en sa présence. En leur promettant
un rapport avantageux au Conseil, il les en-
couragera à mieux faire encore. Les sujets mé-
diocres doivent leur foiblesse à des causes bien
différentes; il faut donc savoir relever le courage
abattu des uns, faire naître celui des autres, et
se décider à applaudir quelquefois comme bien
ce qui n'est que passable. Réservons pour le petit
nombre abandonné à l'indolence, à l'indiscipline
et à la mauvaise volonté, toute la sévérité des
réprimandes, et toute la terreur des menaces.
Parlons-leur religion, honneur, patrie et famille; descendons jusqu'au fond de leur ame,
et si nous obtenons la promesse d'un changement, croyons ce changement déjà commencé.

Si l'opiniâtreté dans le mal résiste à tous les moyens essayés, éloignons la brebis gâtée, pour sauver le reste du troupeau. La différence des caractères et des tempéramens en nécessite une dans les voies d'amendement. Vous réduirez au désespoir, par une réprimande publique, un enfant sensible que vous auriez rendu bon en lui montrant ses fautes en particulier. Mais vous ne corrigerez jamais tel autre, qu'en exposant en public toute l'irrégularité de sa conduite.

Audiences de l'Inspecteur.

Vers la fin de l'inspection, l'inspecteur donnera audience chez lui à tous ceux qui la lui auront demandée. D'un accès facile, sa bonté, son affabilité inspireront une confiance sans bornes. Son devoir n'est point de juger, mais de tout entendre, pour faire au Grand-Maître et à son Conseil l'exposé fidèle des faits. Quand les plaintes, les réclamations, abus d'autorité, manques de discipline, infractions aux lois, griefs, en un mot, de toute espèce, prendront un caractère et une complication difficile d'incidens et d'individus, il se fera remettre des mémoires concis, lisibles, clairement énoncés et signés par leurs auteurs, pour en référer au Conseil. Il arrivera beaucoup de circonstances où il pourra, par des voies de conciliation, par une conduite juste et impartiale , rapprocher les esprits divisés, rétablir l'ordre, rappeler chacun à son devoir et aux limites de son autorité. Si de cette manière l'inspecteur s'établit comme juge, c'est pour le plus grand bien de tous, et comme juge de paix.

Qu'il ne néglige jamais d'écouter favorablement les personnes que l'âge ou les infirmités forceroient à la retraite ; celles qui viendroient lui proposer de vive voix, ou par écrit, des projets de perfectionnement pour l'éducation ; des travaux littéraires utiles à l'instruction, et en général tout ce qui pourroit contribuer à l'avantage d'un établissement particulier, ou à celui de l'Université.

Présence aux Actes publics.

Dans le cours de ses excursions, s'il est possible, l'inspecteur se trouvera dans le Lycée, chef-lieu d'une Académie, pour assister à la prise des grades dans les Facultés ; au concours des candidats pour les chaires de professeurs ou régens ; à la promotion des élèves dans des classes supérieures ; à la nomination des boursiers ; à celle des jeunes gens destinés pour l'École Polytechnique, ou pour l'École Normale de l'enseignement ; enfin, à la distribution des prix. Ces actes publics deviendroient, pour lui, une nouvelle source d'observations ; et sa main, en

posant une couronne sur la tête des vainqueurs ;
représenteroit celle du Grand-Maître, qui en est
la distributrice naturelle et générale. Ces prix, véritable témoignage d'une gloire bien acquise, doivent être rares, et accordés avec réserve. Ils seront
donnés en ouvrages de morale, de sciences, d'histoire et de littérature, d'éditions bien choisies,
élégamment reliées, revêtues des armes de l'Université, de la date de l'année, et de l'attestation
de l'inspecteur, du recteur, du proviseur ou du
directeur. Pour exciter l'émulation au plus haut
degré, et pour honorer le mérite par-tout où il
se trouve, chaque copie des thèses soutenues
par les gradués, chaque original des compositions du premier prix des classes, seront remis
par lui au Conseil, et déposés aux archives, avec
l'approbation et le sceau de l'Université.

Époque de l'Inspection.

Ne seroit-ce pas le moment de demander à
quelle époque se fera l'inspection ? Le milieu de
l'année classique paroît la plus favorable : c'est
alors que les travaux sont en pleine activité,
et qu'on peut avoir des motifs plausibles d'en
juger les fruits ; c'est alors que l'inspecteur peut
faire ses voyages plus facilement, plus rapide-
ment et à moins de frais. Dans cette supposition,
il consacreroit le temps des vacances à rédiger

ses observations pour en former son rapport. Il
faut convenir cependant que cette époque ne peut
être de rigueur, puisqu'il peut se trouver des
cas d'une inspection imprévue et subite; je pense
même qu'il sera quelquefois utile d'intervertir
l'ordre du départ des inspecteurs, non pour établir un espionnage odieux et gênant, mais pour
s'assurer si le bien s'exécute toujours, en tout
temps et en tous lieux.

Assistant de l'Inspecteur.

En réfléchissant à la multiplicité des occupations d'un fonctionnaire aussi utile, à la nécessité où il se trouve de toujours observer et noter,
à l'obligation d'une correspondance très-éten-
due, je ne puis m'empêcher de former le vœu
de lui voir associer un assistant ou adjoint. Cette
personne de confiance qu'il choisiroit parmi les
membres libres de l'Université, comme un des
agrégés, l'accompagneroit par-tout, et allégeroit
ses travaux pour la rédaction des mémoires, des
observations et des documens dont les originaux
doivent être placés aux archives de l'Université.
Cette mesure deviendroit à la vérité un léger
surcroît de dépenses, qui ne peut tomber à la
charge de l'inspecteur.

Rapport sur l'Inspection.

Le mécanisme du rapport dépend entièrement des qualités personnelles de l'inspecteur, et de sa manière d'observer, de comparer et de juger : il n'est donc pas nécessaire d'en donner ici un tableau qui, sans m'écarter de mon sujet, il est vrai, m'obligeroit cependant d'entrer dans de trop longs détails. Je me contenterai de dire que le matériel du rapport doit être le résultat pur et simple de l'inspection ; et que, s'il est exécuté avec ordre, netteté et précision, il présentera, au Grand-Maître et à son Conseil, une idée de l'inspection aussi parfaite que si elle se fût passée sous leurs propres yeux.

Inspection extraordinaire.

La besogne bien faite dès le principe, il est à présumer que le cas d'une inspection extraordinaire arrivera rarement. Néanmoins, il faut toujours supposer que le membre du Conseil, envoyé pour cet effet, sera muni des notes et documens pris dans les inspections précédentes, et sera même accompagné d'un des inspecteurs généraux qui aura déjà fait la visite de la maison où se rend le membre du Conseil.

Inspecteurs d'Académies.

Comme l'emploi d'inspecteur d'Académie est

de même nature que celui d'inspecteur de l'Université, il est inutile de retracer ici, pour.lui,
une route connue. Qu'il se persuade sur-tout
que, s'il a à traiter avec un âge plus tendre, il
ne doit pas mettre moins de zèle et d'activité
dans l'accomplissement de sa mission, puisque
c'est souvent du premier développement.de l'enfance que dépend le sort entier de la vie. Si
l'inspecteur de l'Université ne fait pas lui-même
l'inspection des établissemens secondaires, c'est
qu'il se repose sur celle qui en aura été faite
par l'inspecteur de l'Académie. Ces inspections
particulières, plus limitées, n'exigeront pas un
temps très-considérable ; on pourroit alors effec-
tuer la réunion dont j'ai parlé plus haut, et
joindre, comme assistant, pendant le cours des
inspections générales, l'inspecteur d'Académie
à l'inspecteur de l'Université.

Conclusion.

Ces réflexions seront nécessairement modifiées
par la nature des statuts que l'Université doit se
donner comme base morale de son existence. Si,
dès à présent, ces statuts étoient fixés et connus,
ils serviroient de boussole à tout honnête citoyen,
à tout bon François qui sent, au-dedans de lui-
même, le besoin de s'occuper du grand art de
former des hommes, et qui sait apprécier l'hon-

neur et le plaisir qui y sont attachés. Il n'y auroit plus alors de versatilité dans les opinions; chaque pensée et chaque réflexion dirigées vers le but indiqué imprimeroient chaque jour, au grand œuvre de l'instruction publique, un caractère d'utilité et l'empreinte de la grandeur et de la stabilité.

FIN DU PREMIER ESSAI.

DEUXIÈME ESSAI.

Sur les Aspirans et l'Ecole Normale de l'Université.

Omnis doctrina est ex præcognitis.
ARIST.

DÉCRET

Sur l'Organisation de l'Université impériale.

TITRE XIV.

Du Mode de renouvellement des Fonctionnaires et Professeurs de l'Université.

Nécessité d'un Pensionnat Normal.

CHAQUE profession doit avoir son apprentissage et un temps d'épreuves qui assurent à la société, pour l'avenir, des résultats certains et tranquillisans. Aussi ceux qui sont convaincus que tout ce qui est ordre et désordre dans le monde moral, tire sa principale source de l'éducation et de l'instruction bien ou mal dirigées, ont senti, depuis long-temps, l'utilité et la nécessité d'une Ecole Normale, pour l'art d'élever la jeunesse.

Mais il étoit réservé du Grand - Homme qui
nous gouverne, à qui nous devons tant de sages
institutions, qui protège les lettres, les sciences
et les arts; qui, dans des temps moins pros-
pères, a converti les palais en Ecoles; il étoit,
dis-je, réservé à NAPOLÉON, la gloire de donner
à la France, non seulement son Université,
mais encore d'en garantir la durée et la célé-
brité, en créant et en plaçant auprès d'elle la
pépinière où doivent se former tous les instituteurs du corps enseignant.

But de l'Etablissement.

Je ne m'arrêterai pas à la lettre de la loi,
qui dit que trois cents jeunes gens seront formés
au Pensionnat Normal, *dans l'art d'enseigner
les lettres et les sciences.* Les savans et les
gens de lettres, quelqu'utiles qu'ils soient dans
la société, n'en sont qu'une très-petite partie.
S'il est important de bien penser et de bien dire,
il est encore plus important de bien faire, et les
hommes de tous les rangs et de toutes les conditions doivent être, avant tout, bons fils, bons
pères, bons époux, citoyens vertueux, attachés
à leurs devoirs, à la patrie et au Souverain.
Ainsi, les aspirans du Pensionnat ne seront pas
formés simplement *dans l'art d'enseigner les
sciences et les lettres;* mais dans celui qui est

le plus essentiel et en même temps le plus compliqué, l'art de connoître la jeunesse, de s'en faire aimer et estimer, et de la conduire à la vertu, aux lumières et au bonheur, par cet entraînement irrésistible, qui ne peut exister que dans le véritable instituteur.

Quoique, dans toute institution humaine, la sagesse nous dise : que le bien même doit se faire lentement ; elle nous montre cependant ici le point principal dont il faut s'occuper, le placement de la pierre angulaire de l'Université, l'établissement de son Ecole Normale. Il n'y a point de temps à perdre ; les années s'écoulent ; la population de l'Empire augmente ; tout se range sous les influences de l'éducation et de l'instruction ; les instituteurs actuels vieillissent, et vont nous manquer : hâtons-nous d'en former de nouveaux, et craignons sur-tout la disette dans ce genre.

Appel à la Jeunesse.

Faisons dès à présent un appel à la jeunesse de nos Lycées. Montrons-lui que le temps est enfin venu où le talent d'élever des hommes va devenir, non une profession mercenaire, une ressource d'industrie, une réprobation de famille, ou un titre de nullité ; mais une véritable magistrature, digne de tous les respects et de tous les égards par l'importance de son objet. Dépôt sacré de toutes les connoissances, c'est sur elle que sont fondées les espérances de l'avenir ; c'est d'elle que la France attend la conservation de la religion et de la morale, la perpétuité de sa gloire, et toutes les sources de la félicité publique.

Usage des Notes dans le Choix des Aspirans.

Occupons-nous maintenant des moyens les plus sûrs et les plus raisonnables pour faire un choix parmi ceux qui sentiront une vocation décidée pour la profession d'instituteur. C'est dans ce choix, sans doute, que doit briller toute la prudence et toute la sagacité des inspecteurs. C'est ici que l'usage et la nécessité des notes se montrent dans toute leur évidence ; cependant, il faut en convenir, ces notes, seul et principal motif de leurs opinions sur les candidats, sont des élémens dont les inspecteurs ne sont pas maîtres, puisqu'elles sont, et doivent être le journal fidèle de l'existence des élèves, écrit par ceux qui les ont conduits depuis l'enfance. Cette considération doit réveiller l'attention de tous les fonctionnaires des Lycées, pour ne jamais hasarder, sur un jeune homme, un jugement qui ne soit le fruit de l'impartialité, du temps et de la réflexion.

Des études classiques, bien faites, une abondante moisson de prix remportés dans toutes les classes, une suite non interrompue de notes honorables sur les talens et la conduite, sont certainement une prévention favorable au jeune aspirant, et prouvent, jusqu'à présent, qu'il a été un modèle parmi ses condisciples; mais rien ne prouve encore sa vocation pour l'enseignement.

Sources d'Émulation.

Les examens établis pour être jugés dignes d'être appelés au Pensionnat Normal seront une source inépuisable d'émulation. Ils prouveront, en faveur des dispositions naturelles du répondant, de sa mémoire, de ses efforts et de son instruction en général; mais que prouveront-ils pour son jugement, pour son caractère, et les qualités essentielles à l'état qu'il veut embrasser? Quelle énorme différence entre savoir pour soi, et savoir pour les autres! Le plus fort écolier de rhétorique peut-il toujours se flatter de remplir une chaire de sixième avec distinction? S'il est de bonne foi, après un essai, il conviendra qu'il lui seroit quelquefois plus facile de remporter le premier prix d'éloquence, que de faire comprendre à un enfant, la première règle de son rudiment, ou de le corriger d'une seule mauvaise habitude.

Moyens de déterminer un choix.

Que faut-il donc faire pour ne point errer dans

le choix des individus qui doivent perpétuer l'existence de l'Université ? s'arrêter plus à la vertu qu'à la science ; apprécier le cœur plutôt que l'esprit, et engager tous les fonctionnaires à commencer leurs épreuves et leurs observations dès l'enfance, à l'aurore même de la raison. Une maison d'éducation est une république, où, plus que par-tout ailleurs, on peut saisir avec avantage le développement de l'esprit humain, dans l'égalité naturelle et l'aimable liberté qui règnent parmi ceux qui la composent. Le vaste champ des observations est ici ouvert à tous les chefs, mais sur-tout aux professeurs, aux censeurs et aux maîtres d'études. S'ils se mêlent souvent, avec les enfans, dans leurs momens de plaisir, dans leurs conversations ; s'ils sont témoins de leurs discussions, de leurs différens, et de la méthode de les terminer ; s'ils étudient soigneusement leur manière d'être réciproque, et les causes de sympathie et d'antipathie ; si, en tempérant tous les excès, ils jugent bien tous les effets des éloges et des réprimandes : avec de l'intelligence et de la bonne volonté, ils seront à portée de juger toutes les nuances des caractères ; ils verront ces nuances prendre des teintes plus ou moins fortes, d'après la différence des tempéramens, des passions, de l'âge et des circonstances ; ils connoîtront, après quelques années, tous les

ressorts qui font mouvoir et le cœur et l'esprit
de leurs élèves, et pourront, sans risquer de se
tromper, déterminer, dans leurs notes, le petit
nombre de ceux que la nature et l'éducation auront préparés pour l'art d'élever la jeunesse.

Epreuves de la Vocation.

Tout n'est point fait encore pour que l'inspecteur soit certain de la vocation des sujets qu'on
lui propose, et il est de son devoir d'examiner,
en particulier, les dispositions intérieures de
chaque aspirant. Il est sage, sur-tout, de se dé-
fier de ces premières velléités d'un jeune homme,
qui le portent souvent à prendre un état, sans
réflexions, et dont on le voit se dégoûter bientôt. L'Universisé est un corps libre, et son Pensionnat Normal n'ouvrira ses portes qu'à des
individus libres. Que l'inspecteur tâche donc de
découvrir si le goût annoncé par le candidat,
n'est pas le fruit des insinuations de ses maîtres : insinuations blâmables, sans doute, puisqu'en disposant, pour ainsi dire, du sort des
meilleurs sujets, on s'attireroit, à juste titre,
le reproche le plus fondé qu'ont mérité les Jésuites. Il faut descendre avec l'aspirant dans les
détails qui concernent sa fortune et les plans de ses
parens ; s'assurer s'il n'est poussé par aucune autorité, par aucune menace, par aucun motif qui

lui soit nuisible pour le présent ou pour l'avenir.

Pour ne point ordonner de concours sans nécessité, pour éviter le désordre et l'encombrement, les inspecteurs généraux et le directeur du Pensionnat établiront, tous les ans, sous les yeux du Grand-Maître et du Conseil, une balance exacte entre les chaires vacantes et les sujets prêts à les remplir. Ils calculeront les cas de retraite, de maladie et de mort, et formeront une réserve de professeurs, plutôt que de hasarder les inconvéniens d'une disette. Si, par un cas imprévu, on venoit à l'éprouver, les agrégés sont à la disposition de l'Université pour suppléer à ses besoins. Si, au contraire, il se présentoit une surabondance d'aspirans, les concours, pour cette partie, cesseroient dans les Lycées jusqu'à l'époque du placement d'une partie des élèves du Pensionnat; de manière à tenir toujours cette maison au complet, et à ne jamais laisser une chaire sans un professeur en activité. Il seroit peut-être convenable d'envoyer les jeunes professeurs à leur destination dans les Lycées et les Colléges, immédiatement après la distribution des prix ; ils auroient l'avantage de faire leur premier essai avec les enfans, pendant les vacances, où le nombre en est ordinairement moins grand et leurs études moins sérieuses.

Toutes les raisons d'admission reconnues légitimes et évidentes, n'effrayons point ces aspirans sur la nature de leurs devoirs, avant le temps où nous devons les leur enseigner; mais parlons-leur des engagemens qu'ils vont prendre, et des avantages attachés à leur profession.

Engagemens des Aspirans.

« Vous allez vous engager, leur dira-t-on, à
» rester dix ans attachés à l'Université. Peut-être
» vaudroit-il mieux que vous ne fussiez point *en-*
» *gagés*. On fait mieux, et avec plus de gloire,
» ce que l'on fait librement. Eh ! d'ailleurs, quel
» lien plus fort pour vous, que l'habitude d'une
» existence heureuse par les heureux que vous
» ferez, que l'honneur attaché à la culture des
» sciences et des lettres, et les distinctions dues
» et promises aux instituteurs ? »

Avantages des Aspirans.

Les avantages à mettre en balance avec le dévouement d'un instituteur sont :

1°. L'emploi utile de sa jeunesse ;

2°. La cessation de son engagement à un temps fixé ;

3°. Sa subsistance garantie ;

4°. La sécurité et la stabilité de ses fonctions ;

5°. La considération qu'il doit et peut espérer.

1°. Emploi utile de la Jeunesse.

Il n'est que trop ordinaire de voir la plupart

des jeunes gens perdre les huit ou dix années
qui suivent leur éducation , en mille tâtonnemens
incertains sur le choix d'un état ; en diverses spéculations plus ou moins solides , sur des entreprises
qu'on embrasse au hasard , et qui réussissent rarement. La maison , où le candidat va passer deux
années , sera la sauve-garde la plus forte et le port
le plus sûr contre les dangers qui environnent son
âge. Outre les élémens de sa professio , il y trouvera un spécifique certain contre l'indolence et la
légèreté, un moyen infaillible de ne rien perdre des
fruits de ses études , et une occasion favorable de
payer de bonne heure sa dette d'utilité à la patrie.

2°. *Terme de l'Engagement à un temps fixé.*

Si, les dix ans révolus, sa vocation venoit à
changer, après avoir passé la seconde époque
de sa vie dans une continuelle obligation de remplir des devoirs sévères, connu par une conduite régulière, ayant consacré tout son temps au
travail de l'esprit, comptant déjà dans le monde
une foule de disciples; ne seroit-il pas alors le pro-
tégé né du gouvernement, qui le considéreroit
comme le sujet le plus propre à occuper un poste
dans une des branches de l'administration?

3°. *La Subsistance garantie.*

L'homme qui quitte tout pour se vouer au dur mé-
tier de l'enseignement, renonce généreusement à

toute idée de fortune, dont l'acquisition seroit in-
compatible avec ses fonctions. Il est donc juste de lui
assurer, non une opulence choquante qui étouffe
les talens, et éteint souvent le vrai mérite; mais ce
degré de bien-être qui rend un homme sage et mo-
déré, indépendant de tout, excepté de ses devoirs;
ce bien-être qui ne le force pas au sacrifice du présent pour se créer un avenir; ce bien-être enfin convenable à la dignité et aux besoins de l'individu:

4º. *Sécurité et Stabilité des Fonctions.*

L'Université, en recevant un jeune homme
dans son sein pour devenir un de ses collabora-
teurs, lui promet, au nom du Souverain, cette sécurité et cette stabilité nécessaires à la culture des
lettres et des sciences. Les lettres et les sciences
aiment la retraite et la paix. Pour y acquérir
quelque supériorité, il faut presque la durée de
la vie; celui qui s'y consacre, et qui y joint tous
les travaux de l'enseignement, n'est point fait
pour d'autres occupations. Ainsi l'instituteur,
essentiellement bon et honnête citoyen, puisqu'il
enseigne à le devenir, a la certitude qu'aucun emploi, aucune charge publics ne pourront jamais le
distraire de ses travaux. La tutelle des enfans de
l'Etat le dispensera des hasards des combats : c'est
bien servir son pays que d'élever des hommes capables de le défendre et de l'honorer.

5º. *Considération.*

Quant à la considération qui doit entourer les instituteurs, elle n'est point une faveur, mais une dette légitime que tout le monde doit s'empresser d'acquitter. Le premier exemple partira du trône, puisque celui qui l'occupe d'une manière si glorieuse a promis solemnellement des récompenses à ceux qui rempliront leur carrière avec distinction. D'ailleurs, si dans ce genre de dévouement on ne considéroit que l'intention de celui qui fait le bien et la nature du bienfait, quel est l'instituteur qui ne se croira pas payé de toutes ses peines, quand il lira dans les yeux mouillés de ses élèves, prêts à entrer dans le monde, tous les regrets d'une séparation forcée ; quand il apprendra qu'ils se sont fait un nom dans telle ou telle circonstance ; quand il entendra dire à un de ses disciples : « Voilà celui à » l'amitié de qui je dois tout ; voilà celui qui a » guidé mon enfance et ma jeunesse vers le bien. » J'atteste qu'il a tout sacrifié pour moi : oui, » s'il existoit de plus douces émotions que l'es- » time, le respect et le plus tendre attachement, » je les ressentirois pour lui ? » Quel est le père d'un tel fils qui ne se plaise à répéter de pareils aveux ! C'est ainsi que l'estime publique, fondée sur la reconnoissance, seront toujours le plus sûr et le plus bel apanage des hommes qui consacrent leur vie au bonheur de la jeunesse.

Le choix de nos aspirans est fait, ils ont les
premières idées de leur future destination, ils
n'attendent que l'ordre du Grand-Maître pour se
réunir au Pensionnat, et y recevoir, aux frais de
l'Université, l'instruction qui leur est indispensable.

Examinons auparavant :

1°. Les convenances locales propres à cet établissement ;

2°. Les qualités des chefs propres à sa direction ;

3°. La nature de son régime intérieur.

Convenances locales de la Maison.

La réunion de trois cents jeunes gens de dix-
sept à dix-neuf ans dans un même établissement,
où doit régner une aisance décente, suppose,
pour son administration et son service, une maison assez vaste et asssez spacieuse pour trois cent
cinquante individus. Outre les appartemens des
chefs, des administrateurs et des maîtres, chaque
pensionnaire doit avoir sa chambre particulière,
meublée modestement, et garnie de tous les instrumens utiles à un homme de lettres. Les leçons
prises en commun, les examens, les concours,
tous les actes publics, nécessitent des sales très-

grandes, et susceptibles de contenir un public nombreux.

L'observance de la vie commune indique la nécessité d'une église, d'une bibliothèque, d'un réfectoire et d'une infirmerie. A tout âge, il faut à l'esprit des momens de loisir, et le loisir pris en société a toujours un côté d'utilité réelle: ainsi, le Pensionnat doit encore avoir des jardins, des portiques, des corridors, un cabinet d'histoire naturelle et d'instrumens de physique, un laboratoire de chimie; en un mot, tout ce qui peut rendre une retraite instructive et agréable, tout ce qui peut entretenir le goût des sciences et des lettres.

Parmi les anciens couvens que la capitale possède encore, il en existe peut-être un qui, d'après les intentions du Grand-Maître, la surveillance du chef de l'établissement projeté, et l'intelligence d'un architecte habile, pourroit être approprié, par de simples réparations, au but qu'on se propose.

Direction.

Quel que soit le directeur de cette maison, il ne doit jamais oublier que tout ce qui se fait ailleurs pour des enfans, doit se faire ici pour des hommes; qu'il n'est point à la tête d'un noviciat ou d'un séminaire, mais le premier parmi

ses futurs collègues. En se chargeant du poste le
plus honorable, il prend en même temps le plus
pénible ; car l'Université place, sous sa respon-
sabilité, ce que la France a de plus précieux : la
seule et unique ressource pour l'avenir, les trois
cents individus qui doivent perpétuer le corps enseignant. Tous les yeux sont ouverts sur ce chef,
puisque c'est de sa prudence, de son activité et
de ses soins que nos Lycées et nos Colléges attendent des sujets dignes de remplir leurs chaires.

Administration.

L'administration d'un Pensionnat d'une aussi
grande importance doit être parfaite dans toutes
ses branches, non seulement parce que la loi et
le devoir le veulent, mais encore parce que tout
ici doit servir d'exemple et de modèle à la jeunesse. Je voudrois donc, qu'outre le directeur, il
y eût :

1°. Un sous-directeur qui pût aider le chef
dans ses travaux, et le remplacer en cas d'absence et de maladie.

2°. Trois censeurs des études : Un pour la faculté des sciences, un pour celle des belles lettres,
et le troisième pour tout ce qui concerne l'art
d'enseigner.

3°. Des professeurs pour toutes les parties d'instruction.

4°. Des émérites pour faire des conférences sur la science et l'éducation.

5°. Un bibliothécaire en chef, et des sous-bibliothécaires choisis parmi les jeunes gens.

6°. Un procureur chargé de la comptabilité et de tous les détails domestiques de la maison, et des sous-procureurs choisis parmi les jeunes gens destinés à l'administration.

7°. Deux prêtres attachés à l'établissement, pour y remplir les fonctions de leur ministère.

Régime intérieur.

Sans vouloir préjuger le régime intérieur que le Conseil de l'Université doit donner à cet établissement, qu'il me soit permis de hasarder, sur cet objet, quelques idées, qui sont une conséquence nécessaire de ce que je viens d'exposer.

Vie commune.

La vie commune sera sans contredit le premier mobile des heureux effets que nous attendons ; mais en l'établissant, il faudra savoir tirer parti des convenances présentes pour l'avantage des convenances à venir. Des jeunes gens destinés à élever des hommes pour le monde, et à vivre eux-mêmes dans le monde, ne doivent point être menés pendant les deux années d'épreuves, comme des Cénobites et des Anachorètes. Leur genre de vie doit donc se composer de tout ce qui e st pieux, moral, décent et régulier ; de tout ce qui tient à une honnête liberté ; de tout ce qui vient du travail de l'esprit et de la réflexion ; et de tout ce qui peut les éloigner du désordre et des distractions nuisibles à leur avancement.

Devoirs principaux.

Avant de fixer l'emploi du temps, avant d'attacher telle ou telle occupation à telle ou telle époque de l'année, traçons à nos jeunes gens le tableau de leurs principaux devoirs.

Statuts de l'Université.

Après l'évangile et les lois de l'État, le livre le plus sacré pour eux sera le Code de l'Université. Ils l'auront sans cesse sous les yeux, comme la règle qui doit les guider.

Religion et Morale.

Devant un jour enseigner la religion et la morale à leurs élèves, il est naturel qu'ils ne manquent jamais aux obligations que l'une et l'autre prescrivent.

Soumission.

Comme ils vont apprendre à être maîtres, et qu'ils auront bientôt des inférieurs à guider et à conseiller, ils feront cet apprentissage par leur propre soumission pour leurs chefs, par leurs égards et leur respect pour les plus anciens.

Diligence.

Ils connoissent déjà le prix du temps, ils savent que deux années sont bientôt écoulées, et suffiront à peine à tout ce qu'ils ont à apprendre ; nous n'aurons donc jamais l'occasion de les stimuler au travail, ou de leur reprocher l'absence d'un des exercices, auxquels ils arriveront tous avant le professeur.

Extérieur.

L'homme en général ne doit point se juger d'après l'extérieur. Nous exigerons cependant, que nos pensionnaires, revêtus tous des livrées de la science, ne se montrent jamais qu'avec une mise modeste, décente et convenue. Une trop grande négligence sur soi-même est un mépris des convenances sociales, et habitue insensiblement l'homme de lettres à un cynisme rebutant. Une parure recherchée est un autre excès qui annonce souvent le vide de l'esprit et des prétentions indignes d'un homme raisonnable.

Harmonie.

Entre eux, ils vivront sous les lois de la plus aimable sociabilité. Tous égaux par l'âge, la condition et leur future destination, ils entretiendront cette douce harmonie qui fait l'ame et le charme des petites sociétés comme des grandes.

Leurs intérêts sont les mêmes ; tous membres du même corps, ils sont appelés à le vivifier en se réunissant autour de lui , par les liens d'une étroite amitié. Les plus âgés seront tenus à donner les meilleurs conseils, et les plus instruits à aider les autres de leurs lumières.

Délassemens.

Si leurs amusemens ne doivent pas se ressentir des puérilités de l'enfance , ils doivent encore moins avoir de l'analogie avec la passion horrible du jeu qui brûle jusqu'au germe de toutes les vertus dans le cœur.

Service.

Plus un homme se suffit à lui-même, plus il est indépendant, et mieux il est servi. Il est souvent plus difficile de commander une chose que de la faire soi-même. Que chacun fasse donc son service pour tout ce qui s'accorde avec la bienséance et le temps consacré aux études.

Sorties.

Les sorties hors de la maison se feront une fois chaque semaine, sous la conduite d'un censeur, pour aller dans la campagne respirer un air pur, et donner au corps un exercice un peu violent. Outre cela, chaque élève pourra aller dans Paris pour vaquer à des affaires, ou visiter

ses parens et ses amis, à condition que la per-
mission en sera obtenue d'avance d'un des chefs
de la maison, qui exigera que le sortant se présente le soir ; cette mesure ne doit avoir rien de
choquant, elle tient au bon ordre général établi
dans toute maison bien gouvernée.

Instruction.

Les candidats de notre Académie ne doivent
point être simplement des orateurs, des poètes,
des mathématiciens, des physiciens, des natura-
listes et des chimistes ; mais des hommes initiés
dans toutes ces parties, qui sachent en faire passer
les élémens dans l'esprit des enfans et développer
leurs inclinations pour tout ce qui est bien.

Inconvéniens des Cours publics.

Assurément, le Collége de France, l'École
Polytechnique et le Muséum d'Histoire Naturelle,
possédent les professeurs les plus distingués de
l'Europe ; sous ce rapport, nous n'avons rien à
envier aux étrangers, et nos aspirans ne pourroient aller puiser, dans de meilleures sources,
tout ce qui peut alimenter chez eux le goût de
l'instruction. Mais, comment accorder la régu-
larité de la vie commune avec la fréquentation
des Écoles publiques ? Les cours sont ouverts à
des époques et à des heures différentes. Les
distances dans Paris sont grandes, les distrac-

tions multipliées et les dangers incalculables. Ou les jeunes gens seront conduits à ces cours par quelqu'un de confiance, ou ils s'y rendront seuls. Dans le premier cas, les inquiétudes disparoissent, mais le nombre des surveillans augmente considérablement. Dans le deuxième cas, il faut craindre tous les accidens qui résultent du manque de surveillance. Hé! quel est l'âge où elle est nécessaire? N'est-ce pas dans ce moment délicat, où la nature, paroissant occupée à completter son ouvrage physique, n'établit pas toujours, pour le jeune homme, une balance exacte entre les attraits du plaisir et les moyens d'y résister? Ne serions-nous pas nous-mêmes injustes et inconséquens d'exiger, de l'âge de dix-sept ans, cette expérience, cette modération, cette force de raison, que les années ne donnent pas toujours?

Leçons reçues dans la Maison.

Ainsi, pour économiser le temps des aspirans, pour les dispenser des courses éloignées et souvent répétées; pour s'assurer de leur conduite, et surveiller leurs travaux, laissons-leur tous les avantages de la vie calme et réglée; entourons-les de tout ce qui peut augmenter leur vocation, et qu'ils reçoivent chez eux toutes les leçons dont ils peuvent avoir besoin. Nos professeurs du Collége de France, de l'École Polytechnique et du Muséum d'Histoire Naturelle, se feront un devoir et un honneur de contribuer, par eux-mêmes ou par des suppléans, à l'instruction de ceux qui sont destinés à marcher un jour sur leurs traces.

Comme il est démontré qu'en enseignant les autres on s'instruit soi-même, quel avantage ne retireront pas les jeunes gens par les secours mutuels qu'ils pourront se donner? Cette méthode est excellente, sur-tout dans la carrière des sciences physiques et naturelles, puisque chaque essai particulier peut faire naître des résultats nouveaux, qui tous doivent mener à l'évidence de la vérité qu'on recherche.

Division des Elèves en deux Années et en deux Facultés.

Cette mesure adoptée, je divise les trois cents élèves en deux parties :

1°. Ceux de la première année ;

2°. Ceux de la deuxième année.

Je sous-divise ces deux parties en quatre grandes classes.

Pour les élèves de la première année:

1°. La classe pour la faculté des sciences ;

2°. La classe pour la faculté des lettres.

Pour les élèves de la deuxième année:

3°. La classe de la faculté des sciences;

4°. La classe de la faculté des lettres.

Enfin, je réunis alternativement les élèves de la première année et ceux de la seconde, à des conférences sur l'art d'enseigner la jeunesse.

La nécessité de ces divisions est démontrée par la nature des leçons différentes à donner pour la première année et pour la seconde, et par la différence naturelle des deux facultés.

Première Année.

Je voudrois que, dès l'entrée au Pensionnat, on disposât les jeunes gens aux thèses qu'ils doivent soutenir à la fin de l'année, pour le grade de Bachelier, dans la faculté qu'ils se proposent d'enseigner.

Que les premiers mois fussent consacrés à une révision générale des études classiques; qu'ensuite ils reçussent des leçons d'après les livres élémentaires adoptés par l'Université; qu'ils subissent des examens fréquens, non seulement sur leur propre instruction, mais encore sur la manière de la donner aux autres; qu'ils suivissent les conférences sur l'art d'éduquer et d'instruire; et qu'enfin ils fussent admis au Baccalauréat.

Deuxième Année.

L'emploi du temps de la deuxième année doit être dirigé, dès le principe, vers le grade de Licencié, et sur-tout vers les études qui appartiennent à l'enseignement. Dans ce moment, le

candidat doit presque oublier de rechercher l'instruction pour lui, mais ne viser qu'à celle qu'il
va transmettre à ses élèves. Aussi, excepté le
travail particulier qu'il doit aux matières qui
concernent son grade, il faut qu'il étudie les
livres classiques ; qu'il retourne aux premiers élémens ; qu'il se prépare à les simplifier, à les com-
menter et à les démontrer. Toutes les leçons,
tous les examens, toutes les conférences, doivent
en faire un instituteur et un professeur, qui,
avant d'être mis en exercice, va recevoir le grade
de Licencié.

Examens Hebdomadaires.

Pour tenir les aspirans en haleine, encourager
leurs efforts, connoître leurs progrès et prendre
des notes sur leur compte, le directeur, accompagné du sous-directeur et des censeurs, fera,
dans une des quatre classes, chaque samedi, un
examen sur l'instruction et sur l'enseignement.

L'air de la satisfaction, et un simple signe
d'approbation de la part des assistans, suffiront
aux répondans qui se seront distingués pendant la
séance. Chaque dimanche, le directeur appellera
chez lui, en particulier, ceux qui auront besoin
de quelques conseils, ou sur la preuve d'une négligence, ou sur la crainte d'un relâchement, ou
sur la source de quelques désordres.

Examens du Mois.

A la fin de chaque mois, le Grand - Maître sera prié d'envoyer quelques membres du Conseil pour assister à des examens plus généraux et d'une plus grande importance. C'est ici le cas, plus que jamais, de mettre les jeunes gens en lutte entre eux-mêmes, pour leur apprendre la manière de poser une question, de relever une erreur, et d'exposer une vérité dans tout son jour.

Outre le train ordinaire des études, cherchez toutes les occasions de former vos élèves. Qu'il leur soit permis d'aller quelquefois chez les professeurs des Lycées, pour y faire leurs premiers essais dans la méthode de corriger, et de juger les compositions des écoliers. Encore mieux, et pour éviter des sorties fréquentes, que les maîtres de conférences soient autorisés à se procurer la composition hebdomadaire de telle ou telle classe d'un Lycée, pour la soumettre à la correction des aspirans.

Création d'une Académie dans l'Etablissement.

Formez au centre de cette maison, une Académie des Sciences, de Belles-Lettres et d'Enseignement. N'en soyez vous-mêmes que les membres honoraires, et laissez aux jeunes gens tous les hon-

neurs, toute l'administration du corps, et tous les
avantages de la discussion. Une séance par semaine les réuniroient tous; ils se nommeroient
entre eux un président et des secrétaires; ils seroient divisés en trois sections, celle des sciences, celle des lettres et celle de l'enseignement,
et il n'y seroit jamais traité de matières étran-
gères à ces trois parties. Là, par des rapports
verbaux ou écrits, on prendroit connoissance de
tous les nouveaux ouvrages de sciences et de lettres, de tous les livres élémentaires qui doivent
composer la bibliothèque des Lycées, de tous les
plans proposés pour l'instruction publique. Là ,
on vaincroit sa timidité , on corrigeroit toutes
les défectuosités de l'organe de la parole, et on
acquerroit le précieux talent de bien lire, de bien
parler en public, et de mettre dans la discussion
toutes les bienséances qui en font le charme et
le prix.

Conférences sur l'Education.

Jusqu'ici j'ai parlé de conférences et des maîtres
de conférences, sans expliquer les fonctions des uns
et l'usage des autres. Je destine ces maîtres, non
pour le matériel de l'enseignement, qui est plus
du ressort des professeurs, qui, en donnant des
leçons, porteront toujours la plus sérieuse attention sur la meilleure méthode de les donner,

mais simplement pour la partie morale de l'éducation.

L'expérience est le meilleur Maître.

Parmi tant de livres écrits sur cette matière,
parmi tant d'auteurs qui ont parlé de réforme,
parmi tant de gens instruits qui ont fixé les règles
de tous les arts, où est l'ouvrage véritablement
élémentaire sur l'art de créer des hommes propres
à élever la jeunesse ? En attendant que cet ouvrage précieux existe, et qu'il soit reconnu le
meilleur par l'Université, servons-nous des seules
ressources qui sont à notre disposition : elles sont
toutes dans l'expérience. Il en est de l'art de
gouverner les ames des enfans pour l'instituteur,
comme de celui de gouverner les corps pour le
médecin. Le meilleur médecin est presque toujours le plus âgé, non parce qu'il connoît les
vertus de tels ou tels remèdes, mais parce
qu'ayant bien étudié la nature du corps humain,
ayant beaucoup vu, ayant beaucoup observé,
beaucoup essayé, il est parvenu à connoître les
circonstances où il faut les employer pour guérir.
De même, le meilleur instituteur n'est pas celui
qui s'attache à la connoissance et à l'application
de quelques principes généraux, mais celui qui,
ayant fait toute sa vie une étude particulière des
caractères et des dispositions variés des enfans,

s'est enfin approprié la science inestimable des moyens de les diriger vers le bien.

Les Emérites, Maîtres des Conférences.

A qui confierons-nous donc le privilége d'enseigner l'art d'élever la jeunesse, au moins pour la partie morale, sinon aux professeurs émérites? Quelle vétérance honorable pour ces vieux soldats de l'Université, que de venir prolonger leur carrière parmi ces jeunes gens, qui, comme leurs enfans, désireront de les imiter et de les égaler un jour! Nouveaux Socrates, nouveaux Catons, ces maîtres ne quitteroient la vie qu'en prêchant la vertu, et ne cesseroient d'être utiles qu'en cessant d'exister. Ils savent que ce n'est point avec un front ridé qu'on recherche la vérité et qu'on prêche la vertu; et que ce n'est point avec une humeur pédantesque qu'on s'occupe de la félicité publique. Forts de leurs années et de leur réputation, ils feront régner dans leurs conférences le bon ton de la conversation, et cette honnête liberté qui engage chacun à exposer ses doutes, et à émettre son opinion avec modestie et candeur, ils sauront toujours accorder, entre eux et leurs disciples, la douce et décente familiarité avec le respect dû à leurs cheveux blancs. En un mot les apprentifs oublîront qu'ils ont un maître et qu'ils assistent à une leçon, pour ne

voir qu'un ami qui leur fait part de son expérience, qui s'intéresse à ce qui les touche, et
qui veut les conduire à la profession qu'ils ont
embrassée, par le chemin le plus sûr et le plus
agréable.

Matière des Conférences.

La matière des conférences formera le tableau
des devoirs particuliers et généraux des aspirans
comme instituteurs.

Ces devoirs, d'une nature bien différente,
seront considérés et traités méthodiquement sous
trois rapports distincts.

1º. Education physique.

Vous devez au corps d'un enfant une attention vigilante et des soins continuels, puisque,
sans la santé du corps, vous ne pouvez cultiver
son esprit ni son cœur ; puisque, sans agilité et
sans souplesse, un homme n'est jamais tout ce
qu'il doit et tout ce qu'il peut être.

Voici en quoi consistent ces soins, etc.

2º. Education morale.

Les inclinations naturelles et les passions de
votre élève doivent devenir bonnes ou mauvaises
par l'influence de l'éducation.

Voici la manière de connoître les unes et les
autres, et de les diriger vers un but honnête, etc.

3°. *Education intellectuelle.*

L'esprit de ce jeune homme doit être orné, et ne le sera que par les germes des connoissances que vous saurez ÿ placer.

Quelque bons que soient vos principes, quelque étendues que soient vos lumières, voici la route morale par laquelle doivent passer toutes vos leçons, etc.

Outre les conférences sur ces trois grands chapitres, les professeurs émérites donneront à résoudre et à traiter, par écrit ou verbalement, des questions particulières sur toutes les relations sociales qui unissent les enfans entre eux et avec leurs maîtres, et réciproquement sur celles qui lient les maîtres entre eux et avec leurs élèves.

On voit que je ne fais qu'indiquer ici le titre d'un ouvrage élémentaire dont je m'occupe dans ce moment, mais dont le développement et les détails n'appartiennent point à cet essai.

Connoissance du Monde.

Je suis convenu que nos jeunes professeurs étoient destinés à élever des hommes pour le monde, et étoient eux-mêmes faits pour vivre dans le monde. On pourroit donc m'objecter que le genre de vie que je leur donne est bien éloigné de la connoissance du monde. J'avoue que les moyens de la leur procurer ne se présentent pas facilement d'abord. Il en est cependant quelques-uns qu'il faut s'empresser de saisir : le directeur, en s'entourant journellement d'une société choisie sous le rapport de l'instruction et des bienséances, se fera un devoir et un plaisir d'inviter à sa table, alternativement, et autant que l'ordre de la maison le permettra, une partie des aspirans. Par ce moyen, il leur fournira l'occasion de se mêler parmi des hommes dans la conversation desquels ils pourront former leur jugement, et éclairer leur esprit. Les moins confians en eux-mêmes gagneroient de l'assurance, et les plus hardis recevroient quelquefois des leçons de modestie et de retenue. D'ailleurs, dans toutes les circonstances d'assemblées publiques, où il y auroit quelque chose à gagner pour l'esprit et pour le cœur, les chefs de la maison pourroient y conduire les jeunes gens. Bientôt, lancés eux-mêmes dans la société, et essayant leur propre force d'après leurs principes, le temps et l'expérience leur apprendront sans dangers le jeu de tous les ressorts qui font mouvoir le monde.

Résumé des Devoirs de l'Instituteur.

Suivant toute idée de justice, les places ne sont pas faites pour les hommes, mais les hommes

5 *

doivent être formés pour les places : ainsi, quelle que soit celle que l'Université confie au jeune adepte, il doit l'accepter sans murmurer; parce que ses talens et ses moyens sont connus depuis long-temps; parce que, s'il existe quelque distinction et une plus grande chance de gloire et de bien-être dans un lieu que dans un autre, elle doit être réservée au vrai mérite, aux efforts et à la bonne volonté soutenus. Tous les services qu'il peut rendre appartiennent de droit au corps enseignant, qui vient de le créer son collaborateur. Si son avantage particulier, l'honneur et la conscience, n'étoient pas pour lui des motifs assez puissans pour l'engager à remplir ses devoirs, il y seroit encore forcé, comme malgré lui, par l'intérêt qu'inspire naturellement à toute ame sensible cet âge tendre et aimable de l'enfance, qui nous montre les premières pages du grand livre de l'esprit humain; cet âge qu'on chérit par la dépendance où il est de tout ce qui l'entoure; cet âge qui embellit et égaye tout, qui nous rappelle notre printemps, qui nous offre sans cesse l'image de l'innocence, qui fait le mal sans intention et le bien avec gaîté et plaisir, qui est si aimant pour ceux qui lui sont utiles; cet âge enfin que l'éducation rend orphelin, et qui, pour cette raison, réclame de nous et toutes les caresses d'une mère et tous les soins d'un bon père.

« Allez, dira le Grand-Maître, au jeune pro-
» fesseur, allez remplir votre mission. Ecoutez
» attentivement les vœux de tous les François
» dans ceux du premier individu que vous allez
» rencontrer. C'est un père qui vous attend pour
» vous confier ce qu'il a de plus cher. Voilà mon fils,
» vous dira-t-il, les devoirs que la société m'im-
» pose m'empêchent de lui donner les soins que
» son âge exige. D'ailleurs il appartient à l'état
» bien plus qu'à moi; formez-le donc pour l'état.
» Je vous transmets tous les droits que la nature
» et les lois m'ont donnés. En plaçant mon enfant
» sous vos leçons, sans cesser d'être son père, je
» lui en donne un second. Comptez d'avance sur
» ma reconnoissance et sur la sienne; vous au-
» rez tout fait et pour lui et pour moi, si vous
» placez dans son jeune cœur les principes de la
» religion et les semences de toutes les vertus;
» si vous ne lui donnez que des idées justes; si
» vous formez son jugement et son esprit; si,
» sans détruire les dispositions que la nature lui
» a données, vous leur faites prendre une heu-
» reuse direction; si vous compatissez à ses foi-
» blesses; si vous prévenez ses besoins; si vous
» éclairez ses doutes; si vous relevez ses erreurs;
» si vous encouragez ses efforts; si vous lui in-
» culquez l'amour de la patrie, du Souverain
» et des lois; si vous le rendez honnête, franc,

» loyal, courageux; si vous le disposez à tous les
» sacrifices pour le maintien du bon ordre; si
» vous conservez la pureté de ses mœurs; si vous
» lui donnez l'habitude du travail et le goût des
» lumières; en un mot, si vous le disposez au
» physique et au moral, tel que son père le dé-
» sire, et tel que le Souverain veut qu'on élève
» tous ses sujets, il fera un jour votre gloire,
» la consolation de sa famille, et l'honneur de
» son pays.

Conclusion.

Dans tout ce que je viens de dire sur le Pensionnat Normal, je n'ai fait que tracer l'esquisse
d'un tableau d'une étendue immense; je laisse à
des personnes plus expérimentées que moi à en
remplir les vides. L'honnête citoyen, qui ne
pense et n'écrit que pour se rendre utile, se fait
plus volontiers caution de son cœur que de son
esprit; et il a droit à l'indulgence, quand il ren-
ferme, dans un cadre même très-petit, quelques
idées justes et raisonnables.

FIN DU DEUXIÈME ESSAI.

TROISIÈME ESSAI.

Sur l'Utilité de faire, dans les Pays étrangers, des Observations concernant l'Éducation et l'Instruction en général.

... Nam qnia oculi creduntur esse meliores testes, plerumque fieri videas, ut plurimùm fidei iis habeatur qui plurimùm per remotas terras erarunt, si modò aliquam doctrinæ speciem præ se ferant.

CASAUB.

DANS tous les temps et dans tous les pays, on a écrit des systèmes sur l'éducation; on a cherché à découvrir quels pouvoient être ses rapports avec le bonheur social. Jusqu'à présent, riches en bonnes théories, nous sommes pauvres en résultats satisfaisans dans la pratique. Ne composons plus de volumes; mais agissons d'après la marche de l'esprit humain, et l'état actuel de notre civilisation. Quelles que soient la religion et la forme des Gouvernemens, il est un but fixe dans l'éducation, vers lequel il faut toujours tendre : *La vertu et le bonheur.* S'il est vrai de dire que le meilleur Gouvernement seroit celui qu'on composeroit de toutes les perfections re-

connues dans les autres, ne pourroit-on pas dire,
avec autant de vérité, que la plus parfaite éducation seroit celle où on ne trouveroit aucun des
abus qu'on reproche à toutes en particulier?

Avant de proposer l'*observation* comme la
route directe qui doit conduire à la correction de
ces abus, je réunirai quelques faits qui prouvent
que, par l'empire de l'habitude et l'influence des
préjugés, le bien et le mal se touchent par-tout
en Europe, dans la partie la plus intéressante de
l'administration publique, l'éducation.

Nous touchons au moment heureux, en France,
où l'éducation et l'instruction vont prendre le
plus brillant essor. Mais en admirant tout ce que
l'on a fait, et présumant tout ce que l'on va faire
pour la classe la moins nombreuse des citoyens,
nous ne pouvons rester indifférens sur celle du
peuple. Nous lui devons une instruction simple
et bornée, comme un garant de sa moralité, un
instrument de son bonheur, et une compensation
des travaux pénibles auxquels l'inégalité nécessaire des conditions la condamne. Les temps sont
passés où on mettoit en question : s'il est avantageux, en général, que le peuple reçoive ou
non de l'instruction? Quelle que soit la réponse
à cette question, on ne peut se dissimuler la nécessité d'enseigner au peuple de nos campagnes
et de nos villes les principes de la religion, les

devoirs d'un bon citoyen, l'art de bien parler, de lire et d'écrire, et les élémens du calcul.

En Angleterre et en Ecosse, un maître d'école, indépendant de l'autorité ecclésiastique, encouragé par un salaire convenable, et entouré d'une sorte de considération, n'obtient sa place qu'au concours, qu'après avoir produit des certificats de bonnes mœurs et de capacité, subi des examens sévères sur ses connoissances dans la langue maternelle, dans la langue françoise, dans les mathématiques, l'écriture et la tenue des livres. Dans ces contrées, c'est l'instruction qui rapproche l'homme de la campagne de son seigneur, et qui fait disparoître entre eux cette différence morale qu'on rencontre par-tout où le peuple n'a pas cette culture de l'esprit qui lui est convenable.

En effet, quel être plus dépendant et plus malheureux que celui qui ne peut lire les préceptes, les promesses et les consolations de sa religion; qui ne peut lire les lois de son pays auxquelles il doit obéir, les droits qui constituent sa propriété et celle des autres, et les règles de la profession qu'il exerce! Quel être plus dépendant et plus malheureux que celui que son ignorance force à recourir à une confiance étrangère pour recevoir et communiquer tous les détails de ses affaires et ses plus secrettes pensées! Quel être plus à plaindre que celui qui, faute d'avoir appris dans son enfance à raisonner sur la valeur et la place de quelques chiffres, est obligé de se reposer sur la probité et sur l'intelligence d'autrui, pour calculer ses intérêts et ceux des autres, et pour connoître la situation de sa fortune et celle de sa famille ! Aussi c'est avec peine que, dans la capitale de ce vaste Empire, dans ce Paris si admiré et si digne de l'être, on remarque, à côté de tant de monumens glorieux pour la Nation, ces bureaux d'écrivain public qui accusent l'ignorance du peuple. On ne rencontre de ces humiliantes fabriques de science vulgaire que là où le peuple n'est point instruit, et les nôtres vont disparoître, puisque l'instruction populaire va être confiée à des hommes dignes de la confiance publique.

Au sud et au nord de l'Europe, on ne considère pas la gymnastique comme une partie essentielle de l'éducation physique ; tandis qu'en France et en Angleterre, on l'emploie avec raison comme le seul moyen d'entretenir la vigueur du corps, et de le fortifier, pendant que l'ame prend son repos.

Les riches et les grands en Allemagne (1), en

_____

(1) Je viens de lire avec beaucoup de plaisir et un véritable intérêt, un ouvrage aussi bien pensé que bien écrit, et que vient de publier M. *Charles Villers*, correspondant

Pologne, en Russie, en Suède, en Danemarck, semblent donner la préférence à l'éducation par-

---

de l'Institut de France, etc., ayant pour titre : *Coup-d'OEil sur les Universités et le Mode d'Instruction publique de l'Allemagne*, etc. En rendant justice à l'auteur sur le mérite en général du tableau qu'il nous présente, on seroit presque tenté de le féliciter d'avoir vu tout en beau, et de nous avoir donné, au lieu d'un portrait ressemblant, une réunion de traits charmans, embellis par son imagination. Il est si aisé, quand on s'occupe du bien public, et qu'on le désire fortement, de juger ce qui est comme ce qui devroit être.

Comme l'auteur, j'ai vu et observé tous les établissemens d'éducation et d'instruction publique en Allemagne, et je partage bien sincèrement son admiration pour les sacrifices immenses que les Gouvernemens et les particuliers ont faits pour les progrès des lumières ; pour la multitude de savans et de littérateurs distingués qui honorent leur pays et l'humanité, en répandant par-tout les heureux fruits de leurs travaux ; pour la bonté des ouvrages élémentaires composés pour la jeunesse ; pour ce grand nombre de professeurs célèbres qui remplissent toutes les chaires, et assurent à leur patrie, par la foule des élèves qui les entourent, la perpétuité de la science ; pour le zèle soutenu et opiniâtre des bons écrivains qui consacrent leur vie à la gloire d'éclairer leurs semblables.

Malgré ces aveux faits d'après la plus intime conviction, j'ai de la peine à partager l'enthousiasme de M. *Villers* pour tout ce qui lui a paru parfait dans les établissemens consacrés à la jeunesse de l'Allemagne. Ses lecteurs seront, sans doute, étonnés comme moi, en arrivant

ticulière. On la confie ordinairement à de jeunes
théologiens, toujours très-versés dans la connois-

à la fin de son volume, d'avoir parcouru toutes les routes
qu'on fait prendre aux jeunes gens pour les mettre en po .-
session des élémens des connoissances humaines ; mais
sans nous avoir arrêté un seul instant sur les moyens em-
ployés pour diriger vers le bien les inclinations naturelles.
L'époque de la jeunesse associe nécessairement les idées
d'instruction et d'éducation. Les Ecoles de l'Allemagne
n'ont point été instituées uniquement pour former une nation de savans.

Je pense comme lui, qu'en général, dans les pays pro-
testans, l'éducation du peuple est mieux soignée sous le
rapport de l'instruction qu'on lui donne pour les principes de la religion, de la morale, et pour les élémens des
connoissances utiles et indispensables.

Quant aux Pensions, Colléges, Gymnases, Lycées et
toutes les Ecoles préparatoires au dernier degré d'instruction, les établissemens de la France l'emportent sur ceux
de l'Allemagne. L'éducation au physique et au moral y
est plus paternelle, plus douce, plus libérale et plus complette. Depuis long-temps, nous n'avons plus de motifs
pour préparer nos jeunes gens à des cours d'Université ;
pour cette raison même ils reçoivent, dans nos Ecoles,
tous les élémens des sciences, des lettres et des arts. L'organisation de notre Université va tout perfectionner, et
donner à chaque François les moyens d'utiliser son existence, par un enseignement dirigé vers chaque profession.

Au sujet des Universités d'Allemagne, M. *Villers*
dit à la fin de son résumé, page 110 : « . . . Mais pour
» qu'elles remplissent leur noble et utile destination,

sance des sciences et des belles-lettres, mais trop
jeunes souvent pour pouvoir préparer leurs élèves

» pour qu'elles continuent à rendre à la patrie les services
» importans et multipliés qu'elle en a toujours reçus, il
» faut leur laisser leur existence toute entière, leurs
» moyens physiques, leur autorité, leur liberté et leur
» considération. » Je crois qu'on embelliroit encore cette
existence, si on en changeoit au moins la partie morale ;
si les étudians, en suivant les différens cours, et en pre-
nant leurs grades, ne prenoient pas en même temps des
habitudes vicieuses ; si le bon ton de ces sortes d'établissemens ne consistoit pas à maintenir une indépendance
prématurée et abusive ; s'il ne s'y opéroit pas toujours un
fâcheux échange de mœurs douces et simples contre des
manières ridiculement soldatesques, et d'obligation parmi
les jeunes gens ; si le point d'honneur, mieux entendu,
n'excitoit pas le feu continuel de l'esprit de parti et de la
petite guerre ; si le courage, mieux défini, étoit moins
prodigué à la manie du duel, et réservé pour d'autres
temps et des occasions plus glorieuses ; si enfin les attes-
tations qui prouvent la résidence à une Université prou-
voient en même temps qu'on y a fait des études sérieuses
et utiles.

Tout Souverain qui sera convaincu que les bases de son
trône reposent sur la moralité de ses sujets, et que cette
moralité est toujours le fruit de l'éducation et de l'instruction, concourra de tout son pouvoir à augmenter les ressources physiques de ces Ecoles, ainsi que leur considération, la première et la plus douce récompense de ceux
qui les maintiennent dans une glorieuse activité.

La liberté et l'autorité des Universités d'Allemagne

au rôle qu'ils doivent jouer dans le monde, et trop soumis à la dépendance qu'exigent d'eux ceux qui payent leurs services. Les Anglois regardent cette éducation comme nulle ; en France, en Russie et en Suède, on commence heureusement à se convaincre que l'éducation publique, bien dirigée vers le but d'utilité que la société et l'individu doivent en retirer, est la seule qui dispose les hommes aux grandes scènes de la vie. L'expérience prouve en effet, à peu d'exceptions près, que les grands hommes, de tous les temps et de tous les lieux, ont commencé leur carrière de grandeur dès leur enfance, parmi des enfans comme eux, dans des Ecoles publiques. C'est à l'Ecole Militaire que Napoléon Ier. a été élevé.

En Espagne, en Italie, en Allemagne, en Hongrie, et dans les îles Britanniques, on néglige trop la langue maternelle, les langues vivantes, et les autres parties d'instruction utiles

---

ne seront point dangereuses tant qu'elles s'accorderont avec les lois constitutives de l'Etat, et quand les jeunes gens n'y trouveront pas des priviléges d'impunité pour les fautes commises contre l'ordre public.

D'autres temps, d'autres mœurs. S. M. le Roi de Bavière, dans la nouvelle organisation de l'Université d'Inspruck, vient d'ôter au Sénat académique la juridiction privilégiée, et ne lui laisse que le droit de surveillance et de discipline.

ou agréables, pour la seule étude des langues
orientales, du grec et du latin.

En France, en Russie et en Pologne, sur-tout
depuis l'extinction des Jésuites, l'instruction, dans
l'éducation particulière, se donne presque sans le
secours du grec et du latin, et se donne mal.

Dans un pays (1) où tout est fait et réglé
pour une éducation vraiment sage, et une instruction solide ; où toutes les convenances se
réunissent, dans des établissemens nombreux,
à une splendeur et une magnificence royale ; où
les chefs et les professeurs sont bien choisis ; où
la discipline est sévère ; comment se fait-il que
les études aillent toujours en dégénérant, et que
les Universités ne soient peuplées que par les
jeunes gens qui sont obligés de prouver qu'ils y
ont vécu, avant de pouvoir exercer des emplois
civils et ecclésiastiques ? Avant de consacrer le
reste de la jeunesse aux spéculations du com-
merce, ne devroit-on pas se convaincre que l'étude
des sciences et des belles-lettres n'est pas incompa-
tible avec celle des lettres de change, et que chaque connoissance particulière est un anneau de la
grande chaîne qui les met toutes en relation.

Ici (2), la jeunesse n'est essentiellement occu-

---

(1) L'Angleterre.
(2) L'Italie.

pée que de la culture des beaux-arts. Là (1), on
se contente de payer les artistes à grands frais, et
on dédaigne presque de faire entrer les arts parmi
les plaisirs et les délassemens de l'esprit (2).

Dans une Université célèbre (3), sous bien des
rapports, de savans professeurs enseignent la
physique et l'astronomie, sans machines, sans
instrumens, sans observatoire. Le professeur
d'histoire naturelle y donne des leçons, sans
l'aide d'une collection publique qui puisse dévo-

_____

(1) L'Angleterre.

(2) Dans les conseils que lord *Chesterfield* donne à son
fils sur les amusemens, il lui dit, au sujet de la musique : « Music is usually reckoned one of the liberal
» arts, and not unjustly ; but a man of fashion, who
» is seen piping or fiddling at a concert, degrades his
» own dignity. If you love music, hear it : pay fiddlers
» to play to you, but never fiddle your self. It makes a
» gentleman appear frivolus and comtemptible......:.

» La musique est ordinairement reconnue pour un des
» beaux arts, et avec raison ; mais un homme du bon ton
» dégrade sa propre dignité en jouant dans un concert de
» la flûte ou du violon. Si vous aimez la musique, écou-
» tez-la ; payez des artistes pour la jouer, mais ne jouez
» pas vous - même, ce qui vous feroit passer pour un
» homme frivole et méprisable...... »

Frédéric-le-Grand accompagnoit cependant de la flûte
le chant d'une virtuose, au milieu d'une cour et aux yeux
de l'Europe qui le véréroient.

(3) Edinbourg.

lopper aux yeux les grandes opérations de là
nature. Dans la même Ecole, deux professeurs
de chimie sont toujours entourés de cinq ou six
cents élèves, tandis que le professeur d'histoire
civile peut à peine trouver un seul écolier.

Une nation (1), qui ne jouit pas dans l'étran-
ger d'une grande réputation pour son respect
pour les mœurs publiques, ne met entre les
mains de la jeunesse que des auteurs classiques
corrigés, et dégagés de tout ce qui pourroit faire
naître ou exciter trop tôt les passions; tandis
qu'une autre (2), qui se pique de pureté et de
décence, fait étudier à ses enfans, dans les poésies
d'*Horace*, les leçons d'une sagesse qui n'est pas
d'accord avec notre morale; dans celles d'*Ovide*,
des descriptions dangereuses pour l'âge de l'innocence; dans les vers immortels de *Virgile*, le
tableau de quelques mœurs champêtres dont il
faut laisser ignorer jusqu'à l'existence même;
dans *Pétrone*, le récit des débauches les plus
honteuses; enfin l'érotisme de *Tibulle*, *Catulle*,
Properce et Martial.

Dans une contrée (3), gouvernée, il y a vingt
ans, par un Roi sage, philosophe et grand, un
sous-officier devenoit souvent le mentor d'un en-

(1) La France.
(2) L'Angleterre.
(3) La Prusse.

6

fant déjà soldat, et qui, comme noble, devoit être un jour général, et maréchal de camp. Dans une autre (1), aujourd'hui, le dernier tambour d'un régiment reçoit une éducation complette dans les dépôts militaires.

Ici (2), il y a des cours, et des lectures publiques et particulières sur l'économie rurale, et des encouragemens pour les cultivateurs. Là (3), cette classe intéressante de la société est abandonnée à la glèbe, à sa routine, et aux usages qui n'ont rien de bon que leur ancienneté.

Il y a des Écoles (4) où l'on consacre, tous les jours, quelques momens à l'analyse des papiers publics ; mais il y a des royaumes entiers, où les hommes restent froids et indifférens pour les intérêts de leur pays, parce que, dans leur jeunesse, on a négligé de les initier dans la connoissance des affaires publiques.

Dans une petite république du nord (5), on ne trouve ni mendians, ni pauvres réels, ni vagabonds de profession. On a détruit la mendicité par la voie de l'instruction, et par les récom-

(1) L'Angleterre.
(2) L'Angleterre, la France, la Suisse.
(3) L'Espagne et une grande partie de l'Allemagne et de l'Italie.
(4) L'Amérique Septentrionale.
(5) Hambourg.

penses accordées aux parens qui envoient leurs
enfans aux Écoles. Mais dans un état (1) qui se
croit le premier dans la science de la législation,
on mendie par habitude, par plaisir, par besoin,
et par l'usage scandaleux d'une liberté mal com-
prise. Aussi le peuple des villes y est-il dange-
reux, parce qu'une piété, ou une compassion mal
entendue, en lui donnant du pain sans travail,
l'écarte des ressources que procure l'industrie, et
des idées libérales que donne toujours l'instruction, même la plus simple.

Dans une grande monarchie (2), au sud de
l'Europe, l'éducation et l'instruction s'y trouvent
trop négligées, trop enveloppées de préjugés, et
trop au - dessous des connoissances actuelles,
pour qu'on puisse en faire mention. C'est presque
une obligation de se taire sur une nation qui ose
encore inscrire dans le registre de ses livres dé-
fendus, *Paschal, La Rochefoucault, Nicole,
Montaigne, Charron,* les deux *Racines,* etc. ;
et qui, il y a trente ans, brûloit publiquement
des hommes pour leurs opinions.

Ce n'est que depuis peu de temps que la France
ne mérite plus le reproche que *J. J. Rousseau*
lui faisoit de son temps, *de ne manquer de rien,*

_____

(1) L'Angleterre.
(2) L'Espagne.

*excepté de chaires de droit public et de droit
des gens.*

L'Allemagne a vu, dans ces derniers temps,
dénaturer les principes et le nom de cette philosophie qui convient aux jeunes gens. Elle a senti
dans ses Ecoles les plus violentes secousses. Le
trop célèbre *Kant* (1) a produit, par son système,
un choc d'opinions, qui, comme tout ce qui est
nouveau et violent dans son origine, va promp-
tement jusqu'à l'enthousiasme, de l'enthousiasme
au réfroidissement, et du réfroidissement au re-
tour graduel des anciennes idées.

Sans nous arrêter davantage sur le nombre des
méthodes contradictoires employées, en Europe,
pour élever les hommes, au physique et au moral, cherchons à faire disparoître les imperfec-
tions de notre système d'éducation, et indiquons
l'*observation*, comme un des moyens propres de
nous approprier ce que nos voisins ont de plus
parfait que nous.

Le Gouvernement a toujours eu dans l'étran-
ger, des hommes chargés d'y faire des observations utiles aux progrès des sciences et des arts.
Ces voyageurs, honorés d'un titre et récom-
pensés par l'Etat, retournent dans leur patrie,
pour l'enrichir du fruit de leurs voyages.

(1) *Kant*, professeur de philosophie à Kœnisberg,
mort depuis quelques années.

Je propose donc de créer et de nommer, parmi les officiers de l'Université, un commissaire ou correspondant, uniquement et spécialement chargé de voyager, pour faire des observations sur l'éducation et l'instruction en général.

Ce commissaire, exempt des préjugés de pays et de méthodes, savant, littérateur, administrateur, instruit dans toutes les parties qui constituent l'éducation libérale et populaire, recevroit des appointemens convenables, et parcourroit tous les lieux susceptibles de lui offrir des recherches utiles. Son travail seroit celui de l'historien : Observer, comparer, et exposer les faits,

1°. Sous le point de vue général d'éducation physique ;

2°. Sous le point de vue général d'éducation intellectuelle ;

3°. Sous le point de vue général d'éducation morale ;

4°. Celle qu'on donne aux riches ;

5°. Celle qu'on donne aux pauvres.

Par riches, je comprends la classe des citoyens qui fournissent eux-mêmes aux frais de leur éducation, et ceux pour lesquels les Gouvernemens payent, pour les élever sur la même ligne que les autres.

Par pauvres, je comprends ceux de la classe du peuple, élevés par la bienfaisance publique et particulière.

6 *

L'éducation des individus destinés à gouverner les empires ne fournira que peu d'observations. Ces êtres privilégiés doivent être par-tout élevés pour le caractère de la nation dont ils sont les chefs, et pour la constitution dont ils doivent être l'organe et le soutien.

Les remarques du voyageur doivent commencer à la naissance des enfans, jusqu'au moment où la société les appelle dans son sein pour en exiger des devoirs. Il ne doit pas oublier, qu'en s'occupant du sort de la jeunesse, il doit également s'intéresser à celui des hommes qui la conduisent et l'élèvent. Qu'il nous fasse donc connoître la discipline intérieure et extérieure des établissemens ; la valeur des différens mobiles d'émulation ; les récompenses, et les moyens de répression. Ses lumières lui rendront faciles des détails importans sur les ouvrages élémentaires étrangers, et nous lui serions redevables de ses conseils sur ceux dont il recommanderoit la traduction pour l'utilité de nos écoles.

Il faut qu'il soit instruit des motifs qui déterminent le choix des directeurs et professeurs ; des lois qui les dirigent ; des devoirs qu'ils ont à remplir ; des appointemens qu'ils reçoivent. Il faut qu'il découvre pourquoi telle ou telle École se trouve, par comparaison avec le temps passé, dans un état de gloire ou de décadence dans le temps présent.

Il y a bien loin, en général, de la loi à l'observance de cette même loi : le travail du commissaire seroit donc peu utile, s'il vouloit composer la somme des connoissances que nous attendons de lui, de l'analyse de ces livres appelés statuts ou réglemens : il doit les consulter, sans doute, pour se mettre au fait des premières et anciennes institutions; mais il jugera les hommes et les choses, d'après des faits réels et existans, et non d'après des systèmes écrits et des plans spéculatifs.

Ces idées sont susceptibles d'un plus grand développement; mais ce simple énoncé suffit au moins pour montrer un chemin de plus vers le perfectionnement de l'éducation et de l'instruction. L'observateur, chargé de cette mission honorable par l'Université, augmentera les ressources que nous avons; et bientôt nos écoles, comme autrefois celles d'Athènes et de Rome, verront arriver, des contrées lointaines, une foule de jeunes gens, qui ne voudront apprendre à devenir des hommes que dans le pays, où on aura fait les plus grands sacrifices pour acquérir le grand art de les former.

FIN DU TROISIÈME ET DERNIER ESSAI.

TABLE DES MATIÈRES.

DEUXIÈME ESSAI.

TROISIÈME ESSAI.

Fin de la Table des Matières.